DIXIÈME LETTRE

D'ICILIUS.

DIXIÈME LETTRE

D'ICILIUS.

Si l'aristocratie est accusée par les uns comme stationnaire, qu'elle soit louée par les autres comme principe de stabilité; si pour un peuple qui marche à la liberté c'est un mal d'être arrêté, c'est un grand bien pour celui qui y est arrivé.

Les Espagnols venaient de s'emparer de Grenade; le roi des Maures, l'infortuné Boabdil, suivi de quelques serviteurs, s'en éloignait à pas lents et pour toujours. Arrivé au sommet du mont Padul, il s'arrêta, jeta un dernier regard sur sa capitale, et fondit en larmes.

Pleure maintenant, lui dit la sultane Aïxa, sa mère, pleure maintenant comme une femme un royaume que tu n'as pas su défendre comme un homme.

Ces reproches amers encourus par le roi des Maures, nos pairs de France viennent de les mériter; l'abaissement de la pairie qu'ils déplorent comme nous, est en grande partie leur ouvrage. Hommes du Luxembourg, c'est enhardie par le souvenir de vos faiblesses que la révolution de juillet a osé traiter de vous, chez vous et sans vous.

Quand d'autres Gaulois sont entrés dans la nouvelle Rome, les Papirius modernes ne se sont point trouvés sur leurs chaises curules : au roulement du tambour le cœur leur avait failli.

La liberté leur a crié aux armes, ils sont restés immobiles; la légitimité a imploré leur appui, ils ont gardé le silence.

Buonaparte expirant au-delà des mers, les Bourbons partant pour l'exil, la France ensevelissant ses morts au mois de juillet, ont maudit leurs faiblesses.

Le vote sanglant des conscriptions impériales, le vote des servitudes de la restauration, le vote des pensions qui préalablement acquittaient des services futurs, voilà leurs œuvres.

C'est donc de leurs propres mains qu'ils ont creusé le tombeau de la pairie: affaiblie aujourd'hui, dédaignée, mutilée et menacée encore dans son avenir, la voilà telle qu'ils nous l'ont faite.

La pairie française, disions-nous il y a un an, la pairie française n'a point cette puissance morale qui est la véritable; c'est en vain qu'au jour des révolutions elle voudra se faire écouter : sa voix, en essayant de commander aux tempêtes populaires, ira se perdre au milieu d'elles; inconnue du pays, elle sera sur lui sans autorité, car, lorsqu'un peuple consent à s'arrêter, c'est à la voix de ceux qu'il a suivis long-temps. Nous l'avions bien jugée.

Nos craintes qu'elle ne se montrât également faible contre les attentats de la royauté n'étaient pas moins fondées.

Quand une pairie n'est point redoutée du gouvernement qui la pensionne, et qu'elle vient à faire contre lui de l'opposition, le monarque, ennuyé de ses remontrances, fait comme Louis XIV, il marche à elle le fouet à la main, et la fait taire.

Ou bien, comme Buonaparte, il enjoint sans phrases à ses grenadiers de prendre l'assemblée et de la jeter par la fenêtre.

Hélas! Charles X n'était ni un Louis XIV, ni un Buonaparte, et pourtant il n'a point eu besoin de menacer la pairie pour la trouver docile.

Obséquieuse envers le dernier ministère lui-même, elle n'a pas craint de lui paraître favorable par la cauteleuse rédaction de son adresse: son refus de concourir à des vues coupables n'a été ni franc ni décidé. Le roi Charles a pu, sans trop d'invraisemblance, compter sur son appui pour le triomphe de ses projets; mieux averti par elle, il y eût renoncé peut-être.

Ainsi la pairie, chargée successivement de réprimer la royauté et la démocratie, n'a pu faire ni l'un ni l'autre; son impuissance à remplir sa mission politique est donc aujourd'hui reconnue: la raison le disait et les faits l'on prouvé.

Il ne lui restait plus pour dernière infortune que d'avoir à juger les anciens ministres.

> Comme le géant Hébieu, le peuple a brisé ses fers, et il a emporté sur la montagne les portes de sa prison.

Mais ce qui ajoute encore à la faiblesse d'une aristocratie déjà si faible, c'est l'immense accroissement de ces forces démocratiques dont elle est le contre-poids.

La démocratie même, dans l'état ordinaire des choses, manque de modération : elle est par sa nature inquiète et guerrière ; comme César, elle a besoin d'ennemis ; sa gloire est dans les combats, où elle accroît ses forces en les développant.

Demander à la démocratie de renoncer aux conquêtes, c'est lui demander de se mentir à elle-même ; or, il est écrit qu'un principe ne mentira pas.

Les hommes ambitieux d'agir sur elle, afin d'arriver par elle, échauffent encore son ardeur; car ceux-là doivent sortir des rangs, ceux-là doivent marcher en avant, qui veulent entraîner les autres et paraître guides.

De nombreux journaux qui parlent à tous et sans cesse, des brochures multipliées, les cours

publics, les clubs politiques, le jury, les réu-
nions électorales, propagent partout les opinions
démocratiques, et pressent le rapide mouvement
qui nous entraîne vers une liberté sans limite.

La révolution de juillet a rendu le danger plus
grand.

Les droits qu'elle nous a cédés ou reconnus nous
ont singulièrement rapprochés du gouvernement
populaire; nous ne sommes plus séparés de la
république que par un intervalle assez faible; nos
désirs sont devenus plus ardens pour un bien
qu'on a mis, pour ainsi dire, à notre portée.
Comme jurés, comme électeurs, comme officiers
municipaux, nous avons, ou nous aurons, une
portion notable de la souveraineté; la pensée
peut nous venir de n'en pas rester là.

Le repos actuel de la démocratie ne doit pas
nous donner le change sur le fonds de son caractère : occupée à détruire ce qui reste de l'ancien
régime, elle a comme ajourné ses autres guerres;
mais les abus détruits, sa dévorante activité de-
mandera de nouveaux alimens. L'utile incendie
qui consume aujourd'hui les bruyères, demain
menacera les moissons.

Les quatre cents tribuns qui frappent avec tant
de violence aux portes du palais Bourbon, s'ils
y pénètrent, peuvent voir l'abus des priviléges
là où nous voyons les garanties de la liberté pu-
blique; ils peuvent, à leur tour, demander à

changer la Charte pour la corriger. L'exemple de ces changemens est donné, des précédens sont établis, les novateurs sont d'avance absous.

Déjà ils réclament à grand cris la dissolution de la chambre actuelle des députés, et ce n'est point assurément qu'ils croient sa mission finie ou son mandat insuffisant : ils veulent des élections nouvelles, parce qu'ils veulent des députés nouveaux.

Jeunes, ardens, présomptueux, leurs fautes, s'ils arrivent au pouvoir, sont inévitables : sans le vouloir, ils nous perdront. Les Jourdains politiques nous feront de la république sans le savoir; c'est donc pour nous une question de vie ou de mort de les arrêter.

En vain, à leur arrivée dans la chambre, ils trouveraient des lois sages, la charte achevée et la liberté constituée ; leur vanité serait sans pitié ; s'ils n'avaient rien à faire, ils déferaient.

Ajoutez que les lumières manquent à ces hommes si pressés d'être guides ; ils ne sont exagérés que parce qu'ils sont faibles. C'est parce qu'ils ne sont rien par eux-mêmes qu'ils poussent en avant les masses populaires, derrière lesquelles ils sont cachés.

Ce qui est à craindre pour le pays, ce n'est pas l'armée libérale qui a vaincu, c'est l'arrière-garde qui veut exploiter la victoire.

Les lâches qui se sont tenus à distance viennent après la bataille se mêler à ceux qui l'ont gagnée ; pour échapper au reproche d'inaction, ils demandent des excès. Misérables valets qui ne paraissent que le lendemain sur le champ de bataille, et pour y dépouiller les vaincus !

Leurs actions, ils n'ont rien fait ; leurs ouvrages, ils n'ont pas écrit ; leurs discours, c'est du bruit ; la mesure de leur respect pour le peuple est dans celui qu'ils témoignent aux députés qui l'ont sauvé. Ils vont jusqu'à outrager cette noble chambre des députés qui a préparé, remporté et utilisé la victoire ; cette chambre, la première de nos assemblées peut-être qui ait eu à la fois de la tête et du cœur, et qui comprenne que gouverner c'est modérer.

Alors même que le parti populaire avait pour guides les plus beaux génies de notre époque, ses fautes étaient prévues. Quand plus tard il a pris pour chefs de la révolution de juillet des capacités moins hautes, l'inquiétude s'est encore accrue ; au lieu d'hommes d'état, il écoute aujourd'hui des parleurs ; jusqu'où descendra-t-il ?

C'est ainsi qu'à une autre époque, les Mirabeaux et les Barnaves furent remplacés par les Girondins, et qu'on finit par écouter l'avocat d'Arras.

Je crois d'une foi vive à la sagesse de la nation ; mais cette nation, devenue en quelque sorte souveraine, a déjà des flatteurs qui voudraient qu'elle fût tout-à-fait reine pour avoir son règne à dévorer. Les souvenirs affreux de la terreur, les dangers d'une guerre civile ou d'une invasion, la ruine et l'effroi du pays, la vue de nos pavés rouges encore de sang, rien ne les arrête ; ils vont leur route.

C'est à ces hommes que la pairie doit faire face !

Si elle est impuissante comme barrière de la démocratie qui triomphe, elle l'est plus encore comme soutien de la royauté qui vient de naître.

L'arbre qu'on vient de planter a besoin d'appui.
Dieu seul est seul.

(Cardinal de Retz.)

Jugée d'après les idées reçues, cette royauté n'a pas les droits qui font la sécurité des autres ; aucun homme de sens ne songe à l'appuyer sur le droit divin. L'abdication de Charles X est devenue nulle par le refus qu'on a fait d'en remplir les conditions. Le roi actuel n'était point appelé au trône par sa naissance. Le peuple souverain ne l'a point élu ; il est roi par la grâce des événemens ; ses titres sont de convenir et d'être nécessaire.

Sans doute, par le bon usage qu'il fera de son pouvoir, le roi peut le rendre sacré. Entre un pouvoir légalement acquis et un pouvoir justement exercé, la distinction est futile pour le vulgaire; ce que les nations demandent à leurs chefs, c'est moins d'où ils tiennent leur puissance que ce qu'ils en font. A leurs yeux,

Le roi d'un peuple heureux est un roi légitime.

Mais si la difficulté n'est point insoluble, elle est pourtant réelle; il y aurait pour la royauté nouvelle qui veut être héréditaire un immense avantage à s'appuyer sur l'hérédité. C'est un malheur pour le présent de ne pas tenir au passé.

Puissans du monde, vous ne pouvez rien contre le droit; vous avez chassé Charles X, vous avez dépouillé son petit-fils, vous avez nommé son successeur, qu'est-ce que cela prouve?

Reviennent les étrangers pour venger le droit méconnu des bannis, vous pourrez les vaincre, mais vos boulets ne tueront que les hommes; le droit est invulnérable; il échappera à vos coups; il ne peut être ni blessé ni vaincu.

C'est d'ailleurs au pied d'un trône légitime que toutes les ambitions viennent se briser et mourir. Le premier des biens pour un pays est donc celui qui lui garantit la durée de tous les autres; ce bien, nous l'avons perdu.

On invoque en faveur de la royauté la souveraineté du peuple; il a parlé, dit-on, par la bouche de ses représentans ; je le crois, mais qu'importe ?

Ils sont bien insensés ces novateurs, ceux qui prétendent appuyer un trône sur la volonté du peuple souverain, comme sur une base immobile; qu'ils conservent donc toujours à ce peuple la même volonté, les mêmes idées, les mêmes affections ; qu'ils ôtent au temps son influence sur ses opinions ; aux événemens leur empire sur ses intérêts ; qu'ils enjoignent aux enfans de penser comme leurs pères; qu'ils arrêtent l'essor de l'esprit humain et le mouvement des siècles : nouveaux Josués, qu'ils disent au soleil de s'arrêter; qu'ils fassent des prodiges, ou leur cause est perdue.

Disons-le franchement : en l'absence du droit tel qu'il est compris par la foule, le pouvoir actuel n'a d'autre garantie de sa durée que la sagesse même de sa conduite ; pour qu'il soit sans peur, il faut qu'il soit sans reproche ; rude obligation !

Environné d'ennemis, il n'a pas a les apaiser par le sacrifice d'une partie de ses prérogatives; tant de concessions ont été faites, qu'il y a nécessité impérieuse de n'en plus faire. La liberté, dit un ancien, ne peut être aussi extrême que la servitude.

Toutefois les prétentions de la démocratie continueront d'être excessives, cela est inévitable ;

il faudra les repousser, cela est certain ; et pourtant la royauté ne peut opposer à l'invasion de la république que des forces animées de l'esprit républicain : elle est sous le joug de la démocratie qui l'a faite, et qui a pris contre elle des sûretés et des positions

La démocratie est au ministère, aux ambassades, aux préfectures, et dans tous les hauts emplois de l'administration ; elle a dans la garde nationale une armée ; concentrée autrefois dans le côté gauche de la chambre des Députés, elle a fait irruption au dehors, et envahi tout l'ensemble du gouvernement ; elle a gagné ce que la royauté a perdu ; Charles X a commis des fautes, et Louis-Philippe en subit les conséquences.

Elle ne peut donc s'affermir que par sa durée même ; sans doute le temps lui donnera la force qui lui manque, mais cette force est en perspective, et ses périls sont présens ; ainsi qu'un arbre nouvellement planté, elle n'a pu encore prendre racine ; un appui lui est nécessaire.

Comme nous croyons l'avoir prouvé, la pairie, dans son état actuel, ne peut lui donner cet appui. Et toutefois il ne s'agit point de l'abolir elle-même. Si les hommes ont failli, l'institution est innocente ; il s'agit de la changer, de remonter aux causes de sa faiblesse, afin de les détruire.

La restauration avait fait de l'aristocratie comme elle en pouvait faire avec des gentils-hommes, des hommes de cour et de vieux ministres. Une pairie créée en esprit et en vérité, n'était ni dans ses vœux ni à sa portée ; mais aujourd'hui la France a d'autres idées sur l'importance des hommes : elle assigne un rang élevé dans son estime à des mérites autrefois dédaignés, en même temps qu'elle oblige à décheoir ceux qui jadis occupaient les hauteurs. Les chambellans, depuis deux mois, ont beaucoup perdu dans l'opinion : un mérite rare, la gloire et le génie sont devenus des dignités. Dans l'origine des sociétés, dit Montesquieu, ce sont d'abord les hommes qui font les institutions; les institutions font ensuite les hommes. Ce qui manque donc à la pairie, c'est d'être un choix plus éclairé de nos grands citoyens, une expression mieux résumée des forces morales de notre époque; ce qui lui manque, en un mot, c'est d'être l'élite de la nation. Le palais des pairs devait être, comme le Panthéon chez les Romains, destiné à recueillir toutes les gloires contemporaines : il ne devait s'ouvrir qu'aux demi-dieux de la France; mais deux fois son enceinte sacrée a été forcée par des recrues ministérielles. Les hommes vulgaires y sont entrés en foule, les grands hommes par exception, et comme sauf-conduit donné aux autres. De là vient que de si beaux noms sont inscrits sur le livre d'or de la pairie ; il en est beaucoup d'autres qui ont une célébrité fâcheuse, ou qui n'en ont aucune ; qu'il y a dans l'ordre des idées nobiliaires beaucoup de grands seigneurs, mais dans l'ordre des idées morales beaucoup d'obscurs plébéiens ; qu'il y a enfin peu d'hommes puissans et beaucoup que l'on compte, que l'on additionne et qui sont chiffrés.

Il manque encore à la pairie d'avoir servi son pays et d'appuyer son autorité sur la reconnaissance des peuples.

Le sénat romain était le fondateur de la liberté romaine ; en échange de la liberté les nobles de Venise et de Gènes donnaient à leur patrie la gloire et la richesse ; la constitution d'Angleterre est à la fois la conquête et l'ouvrage des barons anglais ; toutes les aristocraties qui ont eu quelque valeur et quelque durée se sont appuyées sur leurs bienfaits.

Le jour de gloire était arrivé pour la pairie française : quand parurent les fatales ordonnances, l'occasion de se rendre nationale était pour elle admirable ; au lieu d'expier ses premières faiblesses, elle en a commis de nouvelles.

Le patronage était pour l'aristocratie romaine un autre élément de puissance inconnu parmi nous ; nous n'avons aucun des liens qui attachaient un patron à son client, un vassal à son seigneur, un chef de clan aux hommes qui le composaient.

Un autre malheur de la pairie est d'être nouvelle.

Quand une aristocratie, composée à son origine des premiers et des meilleurs citoyens, s'est recrutée à travers les âges des plus belles illustrations de chaque époque, elle s'offre à la sienne comme héritière de la sagesse des siècles; elle est empreinte par le temps d'une sorte de majesté qui la protège; sa vieillesse seule lui donne droit au respect.

Ces avantages sont refusés à la pairie actuelle qui n'a pour elle ni son origine, ni sa composition, ni son patronage, ni ses hautes fortunes, ni son âge, ni même sa conduite politique.

Toute sa force morale est dans la confiance qu'inspirent ses lumières, et dans le respect du pays pour quelques pairs qui l'ont servi; mais comme ces deux moyens d'influence ne peuvent lui suffire, il faut examiner si le pays peut lui donner ceux qui lui manquent.

Si nous n'avons point, comme en Angleterre, d'anciens pairs qui aient sauvé la liberté, nous avons des sauveurs de la liberté qu'on peut nommer pairs.

Les inutiles fonctions de gouverneurs de divisions militaires peuvent se changer; des sénatoreries, dont nous parlerons plus tard, peuvent avoir des titulaires qui soient les patrons de la province.

Si la pairie n'est point populaire, il est des hommes qui peuvent lui porter au Luxembourg la popularité dont ils jouissent.

Si la pairie est moderne et née d'hier, des hommes déjà vieux de service et de gloire peuvent la couvrir du respect qu'on a pour eux. Plus ou moins d'objets intermédiaires éloignent ou rapprochent les distances : or tant de choses ont été faites depuis quarante ans, que les premières paraissent anciennes; plusieurs noms contemporains sont déjà des noms historiques.

Il est enfin des services méconnus, des mérites ignorés, des vertus cachées (et celles-là sont les plus belles), qu'on peut mettre au jour, et récompenser au profit de la pairie.

La mission de former cette aristocratie nouvelle n'appartient ni à la démocratie ni à la royauté.

La royauté créerait des ministériels, la démocratie des tribuns, et nous avons assez des uns et des autres.

Les peuples ont une résignation pour la justice.
(Villemain.)

La mission de créer l'aristocratie appartient aux

aristocrates, aux hommes que leurs lumières, leur position sociale, leurs fonctions, leur rang dans l'état, élèvent au-dessus du vulgaire, et qui, par leur réunion, se trouvent former des classes distinctes ; c'est aux supériorités sociales à créer la première de toutes : le fruit tiendra aussi de l'arbre qui l'aura fait naître.

Il nous paraît utile d'attribuer à la magistrature, à l'université, à l'armée, représentées l'une et l'autre par leurs officiers ; à l'institut, au clergé, à la chambre des députés, à la chambre des pairs elle-même, la nomination d'un certain nombre de pairs.

Un autre collége, qu'à bon droit je nommerais *sacré*, pourrait être formé et chargé de la même mission. Il est parmi nous cinq ou six hommes qui ont traversé toutes nos révolutions d'un pas ferme, qui, durant la terreur, sous l'empire et sous la restauration, se sont toujours tenus debout et ont continué de marcher sur les hauteurs ; hommes des temps anciens légués aux temps modernes comme traditions vivantes de sagesse et de vertu, ils ont pris part à nos belles actions, ils n'en ont pris aucune à nos excès ; leur beau génie place les uns à la tête du leur siècle ; les autres le dominent encore par l'ascendant moral de leur caractère ; ils sont les interprètes de la raison des peuples ; ils sont les magistrats de la pensée ; ils sont rois dans l'ordre intellectuel ou moral : où est le danger d'accorder à ces grands citoyens le droit qu'avaient les censeurs romains à certaines époques, de nommer des membres du sénat? qui peut redouter les choix qui seront faits par de tels hommes, et quel ascendant n'auraient pas leurs élus sur l'opinion? Le monarque peut-il enfin mieux s'honorer qu'en rendant cet honneur aux plus belles gloires contemporaines?

La création successive des sénatoreries nécessaires à quelques nouveaux pairs pour assurer leur indépendance, ne nous paraît au-dessus ni du patriotisme ni de la fortune du pays.

Ce projet ne peut être accusé par la difficulté de son exécution : les embarras, les mouvemens, les travaux qu'il rend inévitables, sont un moyen précieux d'occuper des ambitions qu'on ne peut laisser oisives.

On ne peut lui reprocher non plus l'extension qu'il donne au droit d'élire déjà si étendu : c'est précisément parce qu'on a beaucoup élu qu'il est dangereux de nommer. La pairie doit subir, aujourd'hui du moins, un principe qui a dominé la royauté même; là où le torrent coule à pleins bords, il est dangereux de vouloir, par une digue, arrêter ses ravages; il y a plus de sagesse à lui creuser un lit profond qui le contienne.

Il est bon de placer les élus du pays auprès des novateurs qui exploitent seuls aujourd'hui le monopole des volontés populaires.

Quand enfin les diverses classes de la société seront récompensées par l'élévation de ceux qu'elles aiment, elles tiendront davantage à un ordre de choses qui sera en partie leur ouvrage.

Qu'on ne s'y trompe pas, d'ailleurs, les hommes pris en masse sont inaccessibles à la jalousie; l'admiration leur est douce, et leurs regards se portent naturellement vers les hauteurs.

XIme LETTRE.

De l'Université.

De l'équilibre en Europe.

VERSAILLES. — IMPRIMERIE D'ALLOIS
avenue de St.-Cloud, n° 3.